Impressum
Verlag: BABADADA GmbH, Nedderfeld 112 , 22529 Hamburg
Geschäftsführer / Verlagsleitung: Harald Hof
Druck: Books on Demand GmbH, In de Tarpen 42, 22848 Norderstedt

Imprint
Publisher: BABADADA GmbH, Nedderfeld 112 , 22529 Hamburg, Germany
Managing Director / Publishing direction: Harald Hof
Print: Books on Demand GmbH, In de Tarpen 42, 22848 Norderstedt, Germany

# ليكول

# школа

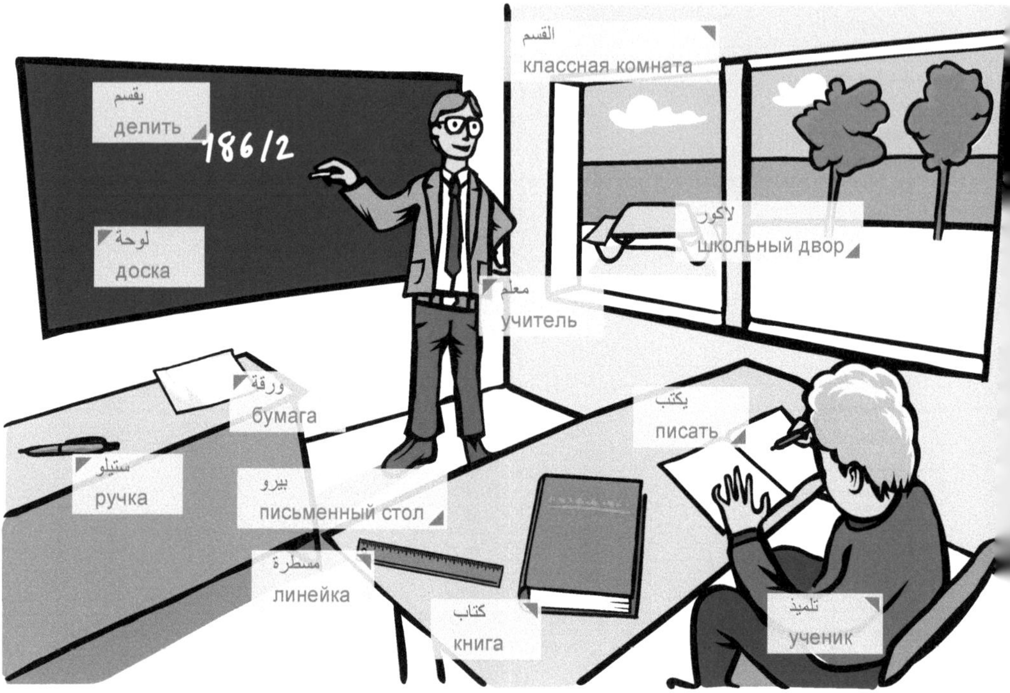

القسم
классная комната
يقسم
делить
186/2
لوحة
доска
لاكور
школьный двор
معلم
учитель
ورقة
бумага
يكتب
писать
ستيلو
ручка
بيرو
письменный стол
مسطرة
линейка
كتاب
книга
تلميذ
ученик


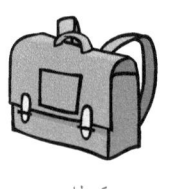

كرطاب

ранец

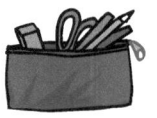

المقلمة

пенал

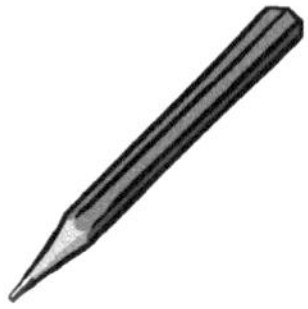

قلم الرصاص

карандаш

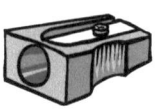

منجارة

точилка

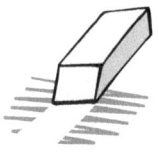

ممحا

ластик

الكايي تاع الرسم

альбом для рисования

الرسم

ريسونوك
рисунок

البانسو

كيستوتشكا
кисточка

باتير

коробка красок

مقص

ножницы

كولا

клей

كايبي تاع التمارين

тетрадь

الواجبات

домашняя работа

النيميرو

цифра

2+2

يجمع

прибавлять

5-2

يطرح

вычитать

2×2

يضرب

умножать

يحسب

считать

**A**

الحرف

буква

ABCDEFG
HIJKLMN
OPQRSTU
VWXYZ

الحروف

алфавит

**hello**

كلمة

слово

النص

текст

يقرا

читать

طباشير

мел

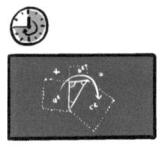

الدرس

урок

دفتر المدرسي

классный журнал

ليقزاما

экзамен

سرتفيكا

диплом

اللبة تاع ليكول

школьная форма

التعليم

образование

ليكسيك

энциклопедия

الجامعة

университет

المجهر

микроскоп

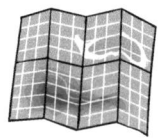

الخريطة

карта

بوبال

корзина для бумаг

اوتال
گراند / Grand
گوستينيتسا

بيت الشباب
турбаза

ROOMS

بيرة تاع الصرف
пункт обмена валюты

EXCHANGE

فاليزة
чемодан

لولو
автомобиль

اللغة ليقصدها
язык

واه / لا
да / нет

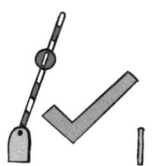

صحا
хорошо

مرحبا
Привет

طرجمان
переводчик

صحيت
Спасибо

شعال السومة؟

Сколько стоит…?

مفهمتش

Я не понимаю

مشكِلة

проблема

مسلخير

Добрый вечер!

صباح لخير

Доброе утро!

تصبح بخير

Доброй ночи!

بسلامة

До свидания

ديركسيو

направление

الباقاح

багаж

ساك

сумка

ساكادو

рюкзак

ضيف

гость

شمبرا

комната

ساك تاع رقاد

спальный мешок

خيمة

палатка

استعلامات سياحية

туристическая
информация

بجر

пляж

كارطة ناع الكريدي

кредитная карточка

فطور الصباح

завтрак

الفطور

обед

العشا

ужин

البيي

билет

اسونسير

лифт

تامبر

почтовая марка

الحدود

граница

الديوانة

таможня

سقارة

посольство

فيزا

виза

باسبور

паспорт

## транспорт

طيارة
самолёт

بابور
корабль

لبرنييا
пожарный автомобиль

كاميونة
грузовик

بيس
автобус

بوطي
моторная лодка

لولو
автомобиль

بيسكلات
велосипед

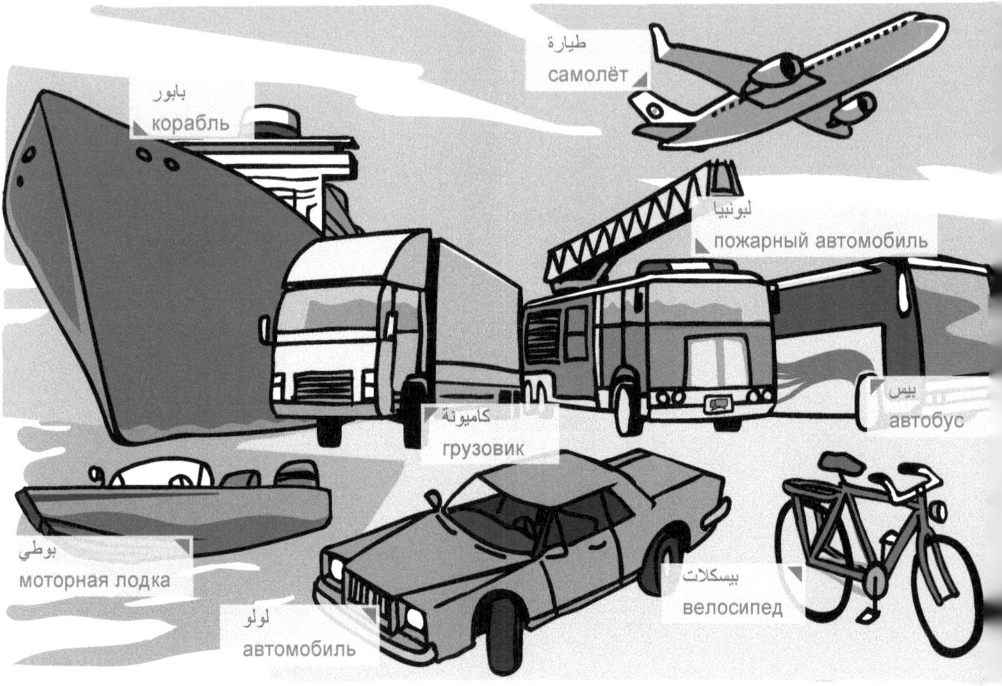

بابو
...............

паром

بوطي
...............

лодка

موطو
...............

мотоцикл

لوطو تاع لابوليس
...............

полицейский автомобиль

لوطو تاع السياق
...............

гоночный автомобиль

لوطو تاع كرية
...............

арендованный
автомобиль

لواطا تاع كرية
..................
овместное пользование
автомобилями

رومورك
..................
буксировочный
автомобиль

كاميو تاع الزبل
..................
мусоровоз

موتور
..................
двигатель

ليسونس
..................
топливо

ستاسيون
..................
заправка

بانو
..................
дорожный знак

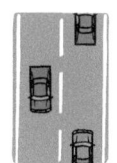

ترافيك
..................
движение

سركالة
..................
пробка

باركينغ
..................
автостоянка

لاقار
..................
вокзал

السبيكة
..................
рельсы

قطار
..................
поезд

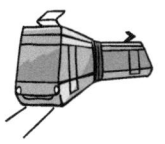

ترام
..................
трамвай

فاغون
..................
вагон

الیکبتار

вертолёт

مطار

аэропорт

тور

вышка

مسافر

пассажир

كونتنار

контейнер

كرطونة

коробка

شاريو

тележка

سلة

корзина

يقلع / يهود

взлетать / приземляться

مان

город

قرية

деревня

البلاد

центр города

دار

дом

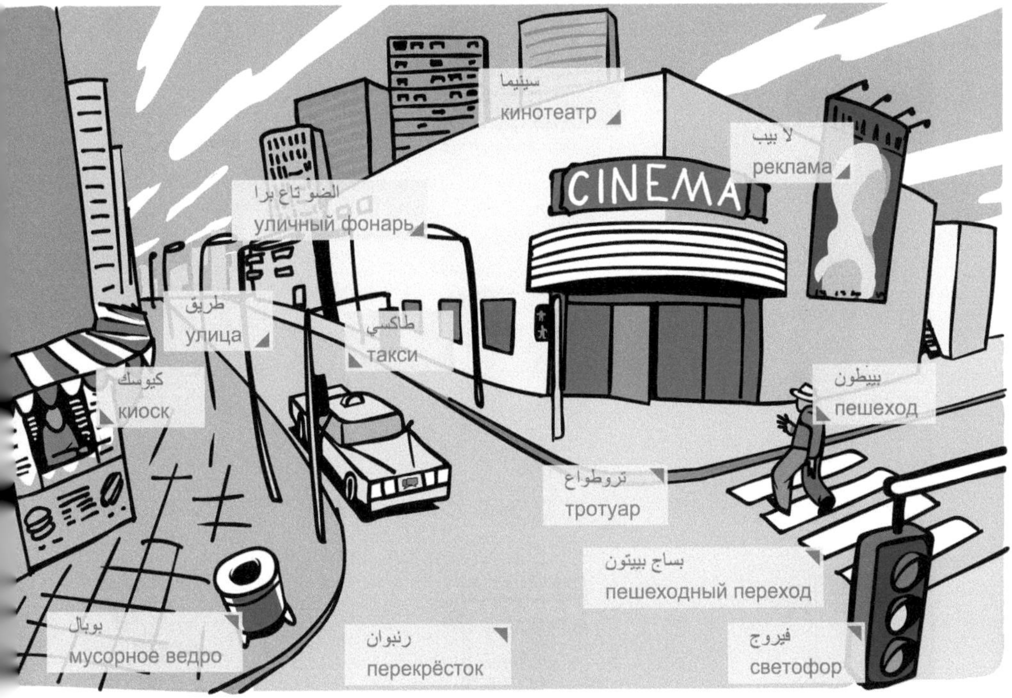

سينما
كينوتеатр

لا يبب
реклама

الضوء تاع برا
уличный фонарь

طريق
улица

طاكسي
такси

كيوسك
киоск

بيبطون
пешеход

تروطواع
тротуар

بساج بيبتون
пешеходный переход

بويال
мусорное ведро

رنبوان
перекрёсток

فيروج
светофор

كوخ
хижина

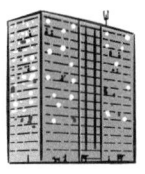

برطمان
квартира

لاقار
вокзал

لاميري
ратуша

متحف
музей

ليكول
школа

الجامعة

университет

بانكة

банк

سبيطار

больница

اوتال

гостиница

فارماسي

аптека

بيرو

офис

مكتبة

книжный магазин

حانوت

магазин

فلوريست

цветочный магазин

سوبرات

супермаркет

مرشي

рынок

حانوت كبير

универмаг

مسمكة

торговец рыбой

سونتر كومرسيال

торговый центр

المينا

порт

بارك

парк

بنك

скамейка

جسر

мост

درج

лестница

ميترو

метро

تونال

тоннель

لاري تاع البيس

втобусная остановка

بار

бар

مطعم

ресторан

صندوق البريد

почтовый ящик

اليانوات

табличка с названием
улицы

مقياس زمن الوقوف

паркометр

حديقة حيوانات

зоопарк

بيسين

бассейн

جامع

мечеть

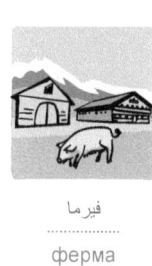

فيرما

ферма

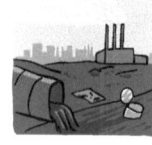

التلوث

загрязнение окружающей среды

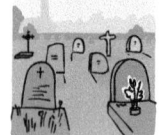

مقبرة

кладбище

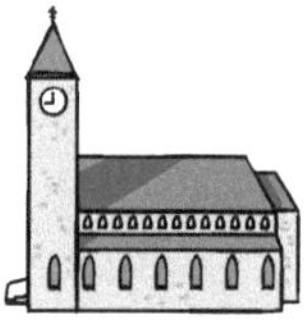

قليزية

церковь

بارك

детская площадка

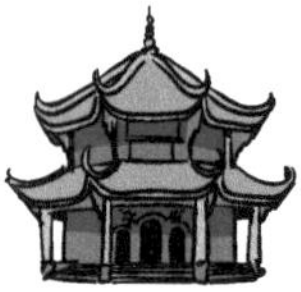

معبد

храм

# الريف

# ландшафт

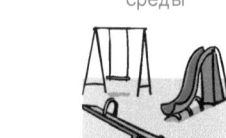

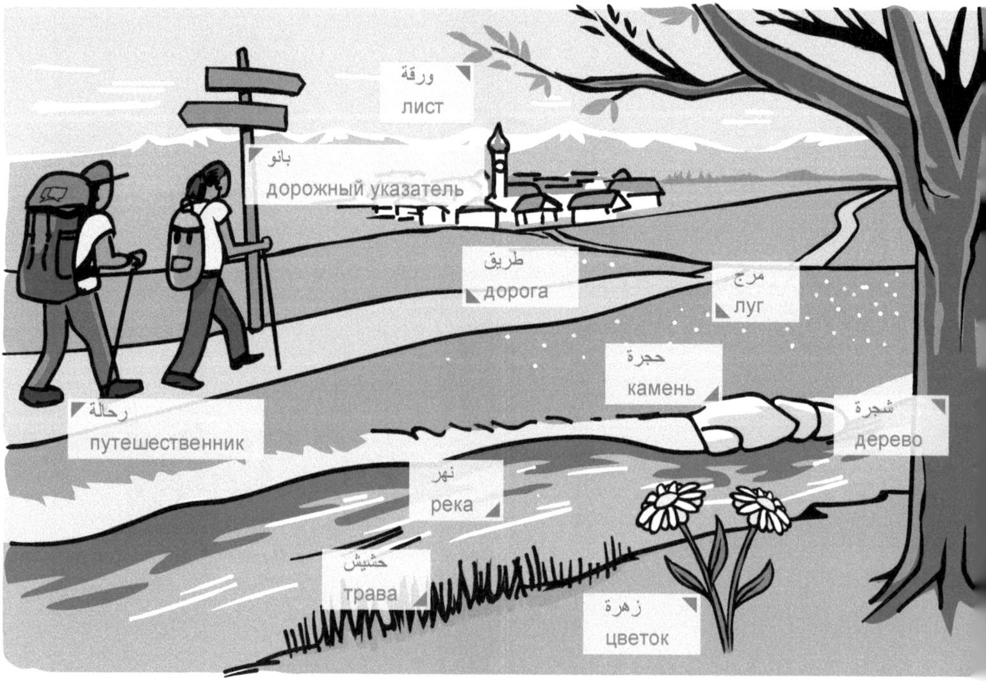
ورقة
лист
بانو
дорожный указатель
طريق
дорога
مرج
луг
حجرة
камень
رحالة
путешественник
شجرة
дерево
نهر
река
حشيش
трава
زهرة
цветок

واد

долина

جبل

гора

بحيرة

озеро

غابة

лес

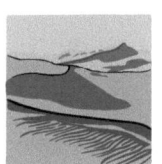

صحرا

пустыня

بركان

вулкан

شاطو

замок

قوس قزح

радуга

فطر

гриб

نخلة

пальма

ناموسة

комар

ذبانة

муха

نملة

муравей

نحلة

пчела

رتيلة

паук

خنفوس

жук

جرانة

лягушка

سنجاب

белка

قنفود

еж

قنينة

заяц

بومة

сова

ز وش

птица

بجعة

лебедь

حلوف

кабан

عزالة

олень

إلكة

лось

سد

плотина

الطاحونة

ветряной генератор

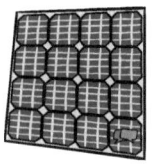

خلية شمسية

солнечная батарея

كليما

климат

سارقور
**официант**

المونيو
**меню**

كرسي
стул

سوبة
суп

بيتّزا
пицца

ناب
скатерть

كوفار
столовые приборы

اوردوفر
.............
закуска

الطبق الرئيسي
.............
главное блюдо

ديسار
.............
десерт

مشروبات
.............
напитки

ماكلة
.............
еда

القرعة
.............
бутылка

فاست فود

фастфуд

ماكلة نديه معابا

уличная еда

براد اتاي

чайник

سكرية

сахарница

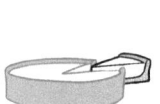

طرف

порция

ماشينة تاع اكسبريسو

кофеварка

كرسي عالي

детский стульчик

فاتورة

счет

سني

поднос

خدمي

нож

فرشبيطة

вилка

مغيرفة

ложка

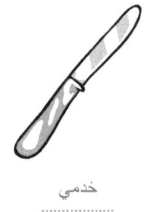

مغيرفة تاع لاتاي

чайная ложка

سربيتة تاع الطابلة

салфетка

كاس

стакан

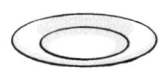

طبسي

тарелка

بول

суповая тарелка

طبسي تاع الفنجال

блюдце

لاصوص

соус

القوطي تاع الملح

солонка

طحان تاع الحرور

мельница для перца

خل

уксус

زيت

масло

ليزيبيس

специи

كتشوب

кетчуп

موطارد

горчица

مايونيز

майонез

# سوبرات

# супермаркет

بروموسيو
специальное предложение
FOR
كلويون
покупатель
مشتقات الحليب
молочные продукты
فاكية
фрукты
شاريو
тележка для покупок


BUTCHERS


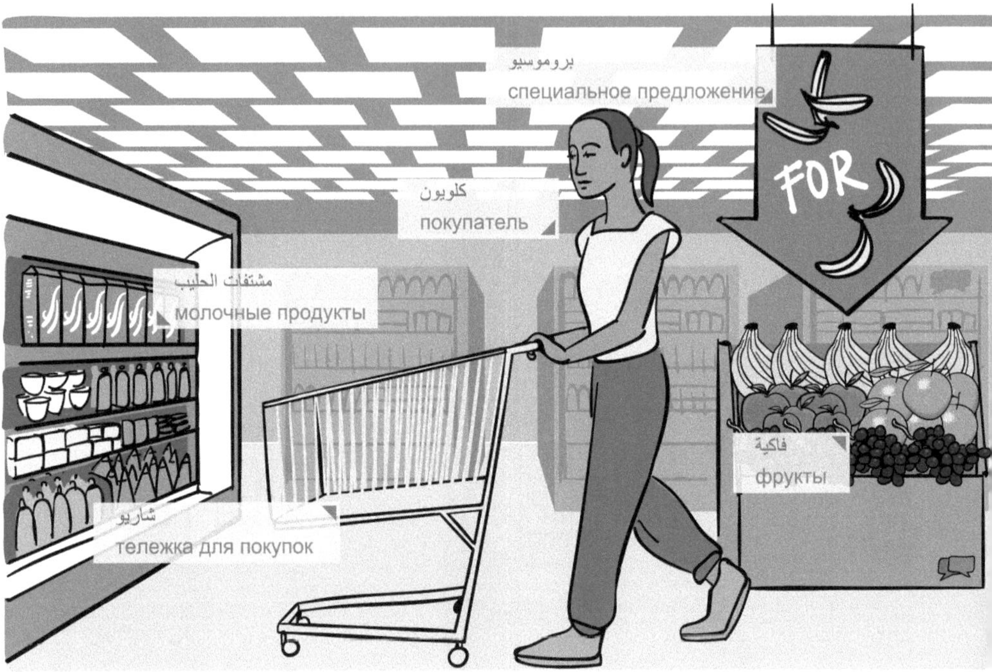

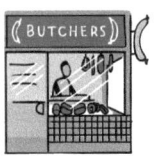

بوشي

мясной магазин

BAKERY


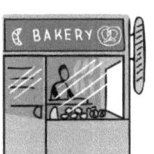

بولونجي

пекарня

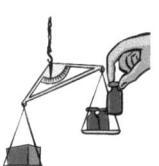

يوزن

взвешивать

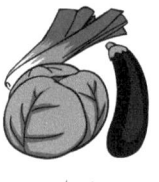

خضار

овощи

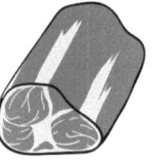

لحم

мясо

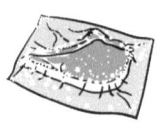

سيرجولي

быстрозамороженные продукты

كاشير

نارезка

كونسارف

консервы

الاومو تاع لغسيل

стиральный порошок

الحلويات

сладости

صوالح الدار

предмет домашнего
обихода

ديتارجو

моющее средство

فوندوز / خدامة فالحانوت

продавщица

لاكاس

касса

كاسسي

кассир

ليستا تاع الشري

список покупок

سوايع الخدمة

время работы

تزداتم

бумажник

كارطة ناع الكريدي

кредитная карточка

ساك

сумка

بورسة

полиэтиленовый пакет

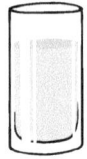

الماء

вода

جو

сок

حليب

молоко

كوكا

кока-кола

الشراب

вино

البيرة

пиво

شراب

алкоголь

كاكاو

какао

لاتاي

чай

قهوة

кофе

اكسبريسو

эспрессо

كابوتشينو

капучино

بانانة

банан

تفاح

яблоко

تشينا

апельсин

بطيخ

арбуз

ليم

лимон

كروطة / زرودية

морковь

ثوم

чеснок

بانبو

бамбук

بصل

лук

شانبينيو

гриб

بندق

орехи

لبيات

лапша

سباقيتي

спагетти

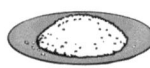

روز

рис

سلاطة

салат

ليفريت

картофель фри

ليفريت

жареный картофель

بيتزا

пицца

هانبورقر

гамбургер

سندويش

сэндвич

اسكالوب

шницель

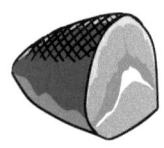

لحم الحلوف

ветчина

سامي

салями

مرقاز

колбаса

جاجة

курица

لحم مشوي

жаркое

حوت

рыба

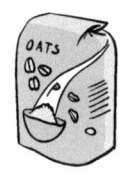

شوفان

овсяные хлопья

موسلي

мюсли

كورن فلكس

кукурузные хлопья

فرينة

мука

كرواسون

круассан

خبيزة

булочка

الخبز / كسرة

хлеб

خبز محمر

тост

بيسكوي

печенье

زبدة

масло

لبن

творог

قاطو

пирог

بيض

яйцо

بيض مقلّي

яичница

فرماج

сыр

لاكرام

мороженое

سكر

сахар

عسل

мёд

كونفتير

мармелад

نوقا

крем с нугой

الكاري

карри

فيرمة
крестьянский дом

رزمة تاع تبن
тюк из соломы

مخزن
сарай

حقل
поле

عود
лошадь

قنطرة
прицеп

جرار
трактор

مهر
жеребёнок

حمار
осёл

خروف
ягнёнок

كبش
овца

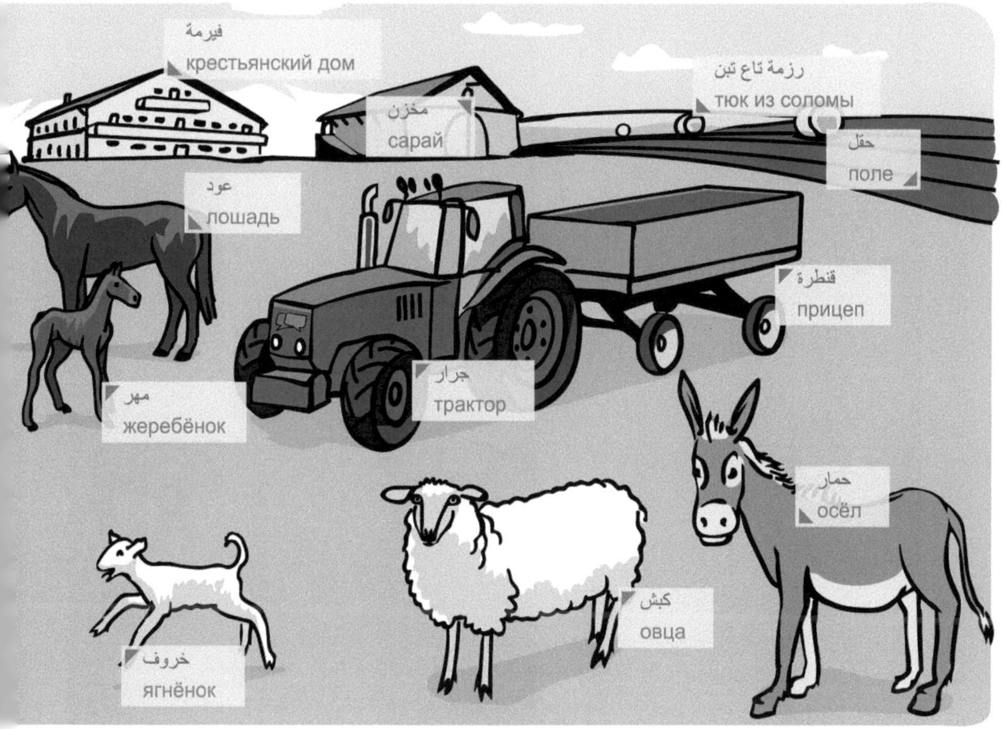

معزة
.................
коза

بقرة
.................
корова

عجل
.................
телёнок

حلوف
.................
свинья

حلوف صغير
.................
поросёнок

طورو
.................
бык

وزة

гусь

بطة

утка

فلوس

цыплёнок

جاجة

курица

سردوك

петух

طوبا

крыса

قطة

кошка

فأر

мышь

ثور

вол

كلب

собака

دار الكلب

конура

تيبو

садовый шланг

إبريق

лейка

منجل

коса

محراث

плуг

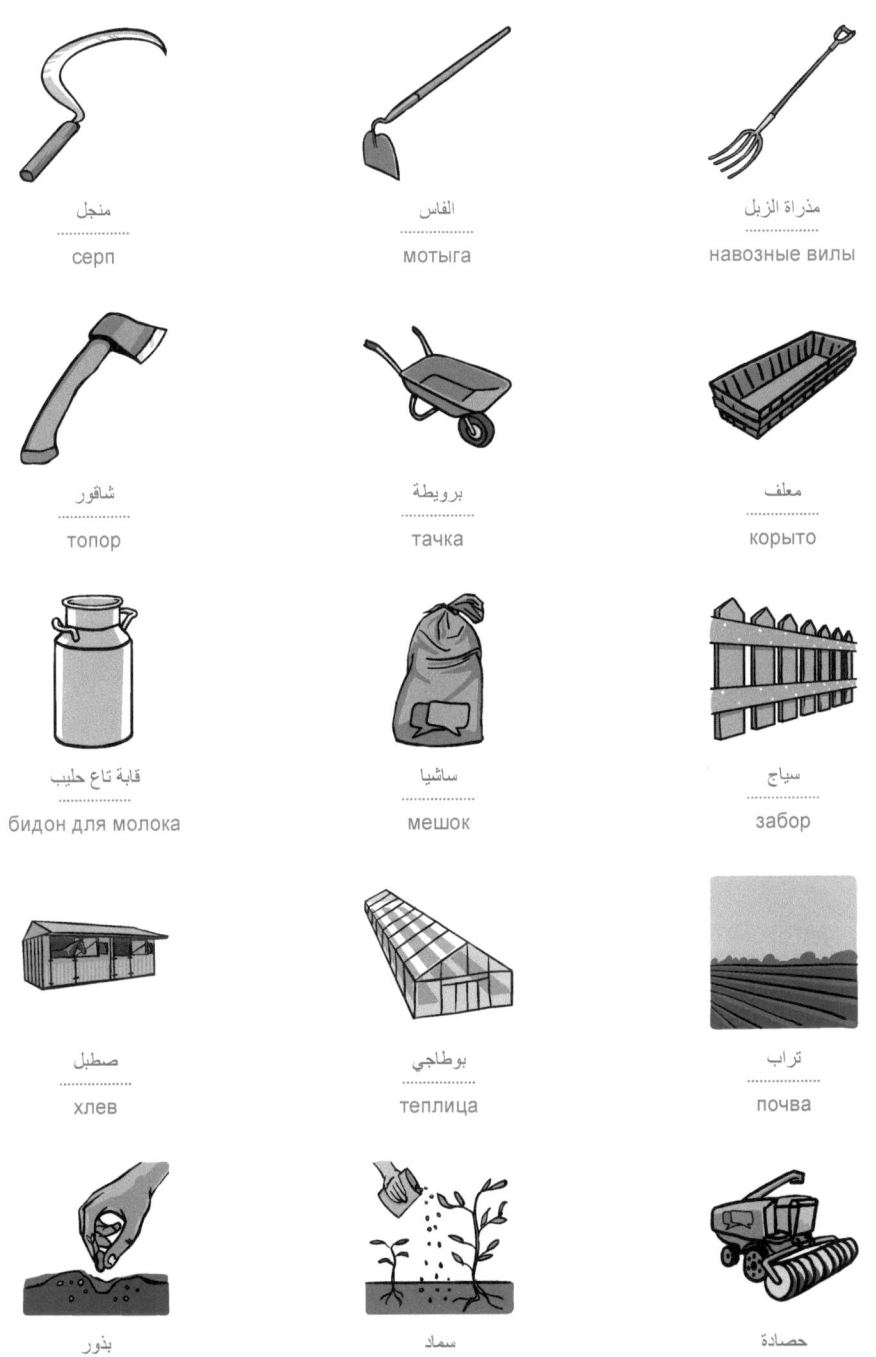

منجل
серп

الفاس
мотыга

مذراة الزبل
навозные вилы

شاقور
топор

برويطة
тачка

معلف
корыто

قابة تاع حليب
бидон для молока

ساشيا
мешок

سياج
забор

صطبل
хлев

بوطاجي
теплица

تراب
почва

بذور
посев

سماد
удобрение

حصادة
комбайн

يحصد

собирать урожай

الغلة

урожай

بطاط

ямс

قمح

пшеница

صويا

соя

بطاطا

картофель

مابيس

кукуруза

سلجم

рапс

شجرة تاع فاكية

фруктовое дерево

منيهوت

маниок

الخبوب

злаки

شوميني
د{}
дымоход

سقّف
крыша

بالة
водосточный желоб

تاقة
окно

قاراج
гараж

صونات
звонок

باب
дверь

بوبال
мусорное ведро

بواطة تاع البرية
почтовый ящик

جاردان
сад

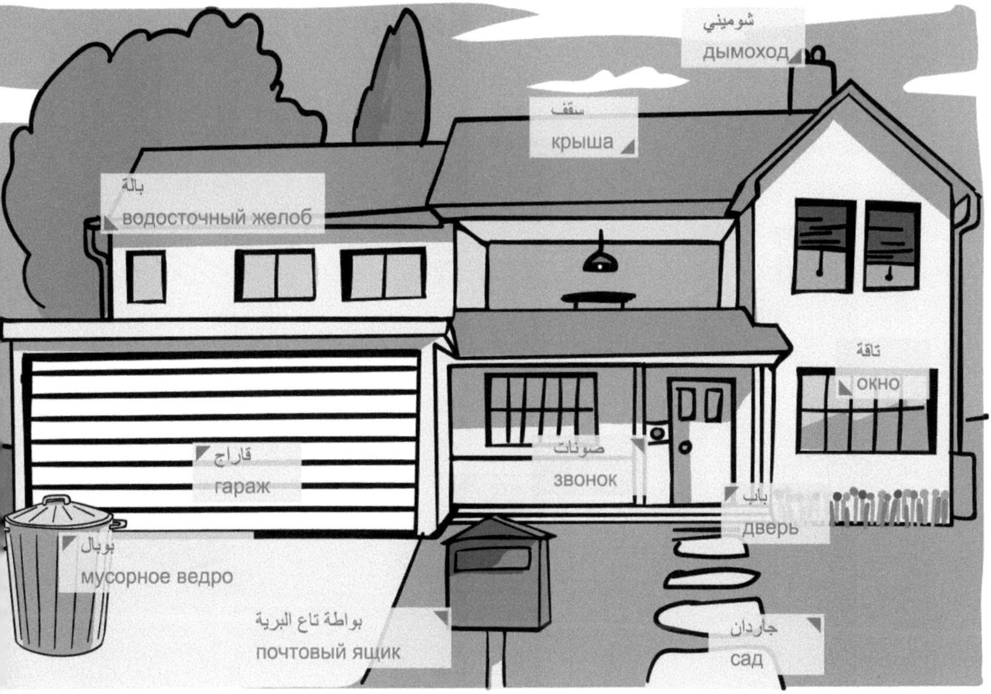

صالون
ГОСТИНАЯ

الحمام
ванная комната

كوزينا
кухня

شامبرا تاع رقاد
спальня

شمبرا تاع ذراري
детская комната

صالة مونجي
столовая

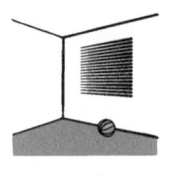

لرض

пол

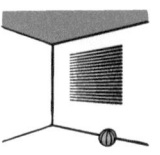

حيط

стена

بلافو

потолок

كافا

подвал

سونا

сауна

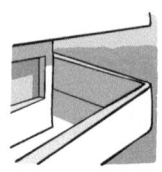

بالكون

балкон

تيراسة

терраса

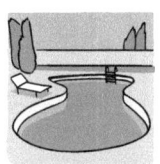

بيسين

бассейн

جزارة تاع حشيش

газонокосилка

ااووس

пододеяльник

كووات

покрывало

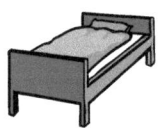

ناموسية

кровать

مصلحة

метла

بيدو تاع صليح

ведро

انتغبتور

выключатель

# صالون

# гостиная

ورق تاع حيطان
обои
تصويرة
рисунок
لامبا
лампа
ايتجار
полка
بلاكار
шкаф
تيفزيون
телевизор
شوميني
камин
زهرة
цветок
مخدة
подушка
صافا
диван
فاز
ваза
تيليكومند
пульт дистанционного управления


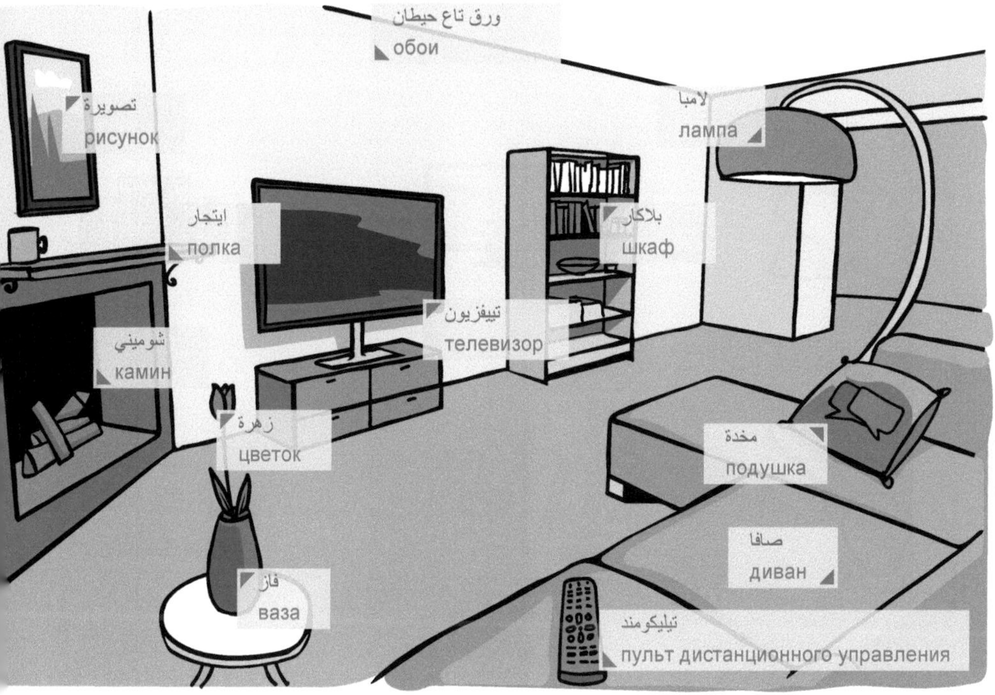

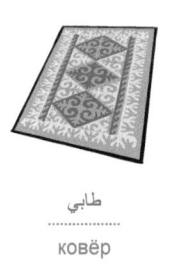

طابي

ковёр

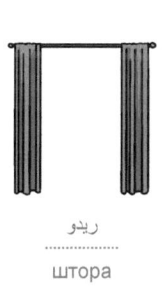

ريدو

штора

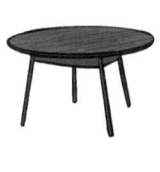

طابلة

стол

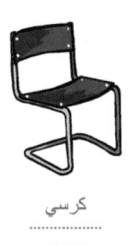

كرسي

стул

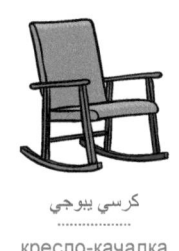

كرسي يبوجي

кресло-качалка

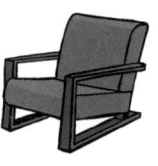

فوتاي

кресло

كتاب

книга

طوفيرطة

покрывало

زواق

украшение

الحطب

дрова

فيلم

фильм

الستيريو

стереосистема

مفتاح

ключ

جرنان

газета

كادر

картина

بوستار

плакат

راديو

радио

كناش

блокнот

أسبيراتور

пылесос

صبار

кактус

شمعة

свеча

# كوزينا

## кухня

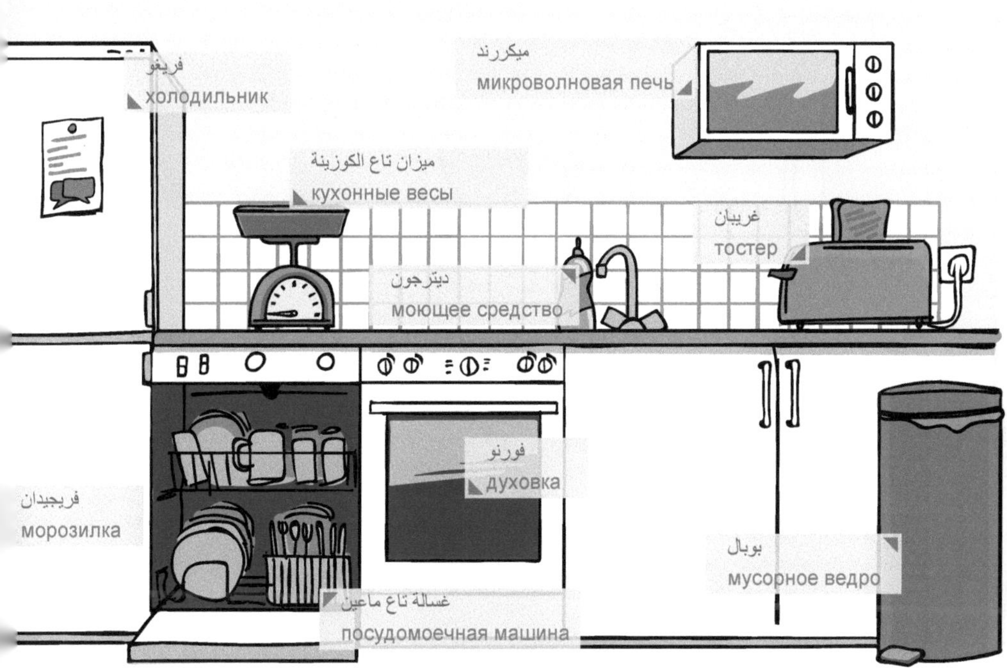

فريغو
холодильник
ميكررند
микроволновая печь
ميزان تاع الكوزينة
кухонные весы
غريبان
тостер
ديترجون
моющее средство
فورنو
духовка
فريجيدان
морозилка
بوبال
мусорное ведро
غسالة تاع ماعين
посудомоечная машина


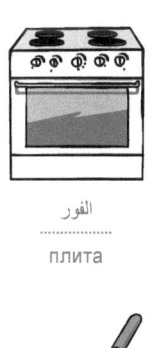

الفور

плита

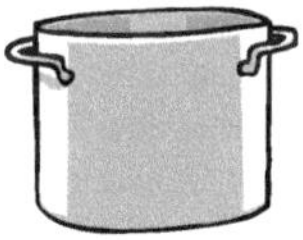

قدرة

кастрюля

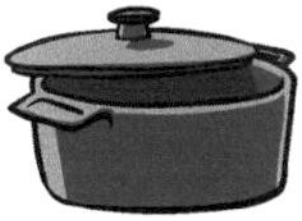

مرميطا

чугунный котелок

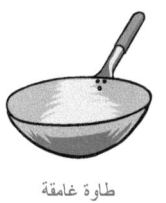

طاوة غامقة

вок / кадай

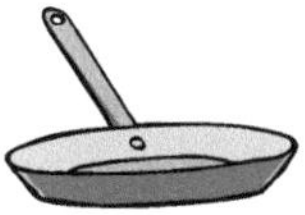

مقلة

сковорода

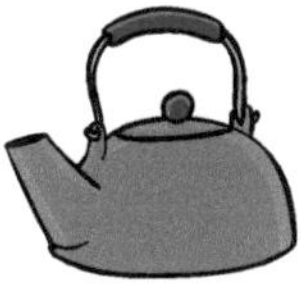

غلاية

чайник

قدرة

пароварка

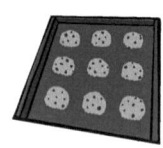

سيني

противень

ماعين

посуда

قوبلي

кружка

طبسي

миска

مطارق تاع الماكلة

палочки для еды

لوشة

половник

سباتولة

лопатка

الضرابة

сбивалка

كسكاس

сито

صفاية

сито

راب

тёрка

مهراز

ступка

شواية

гриль

موقد

костёр

بلونشاا

доска

رولو

скалка

الحلال

штопор

قابسة

жестяная банка

الحلال

консервный нож

كتان

прихватка

لافابو

раковина

بروسة

щетка

بونجة

губка

الخلاط

миксер

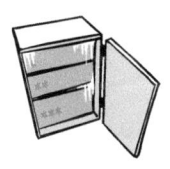

فريغو

морозильная камера

بيبرونة

бутылочка для кормления

سبالة

кран

# الحمام

# ванная комната

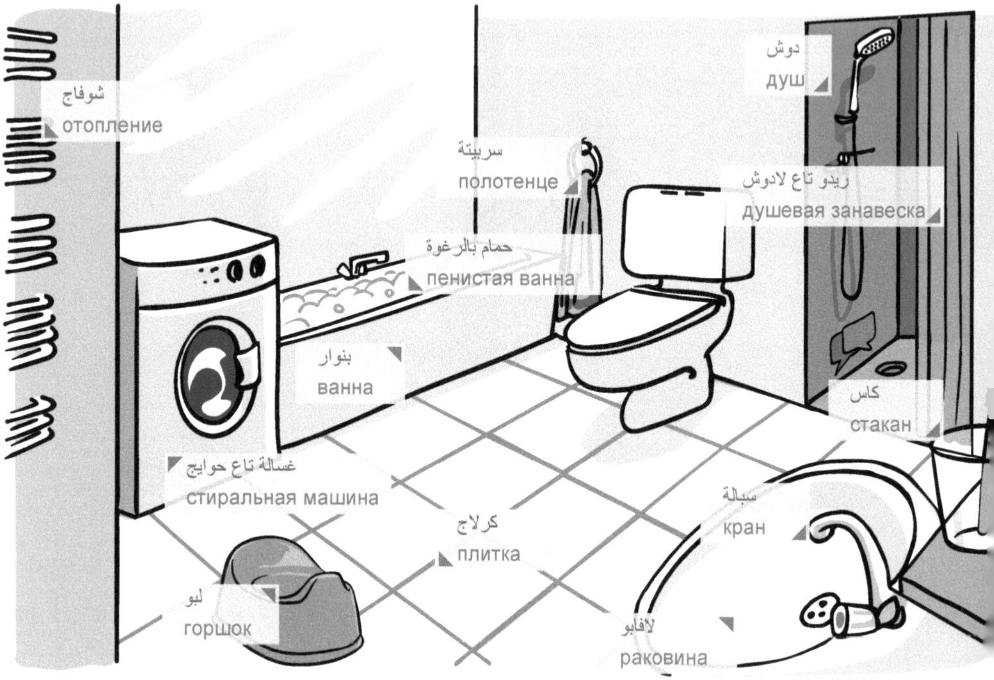

شوفاج
отопление
سربيتة
полотенце
دوش
душ
ريدو تاع لادوش
душевая занавеска
حمام بالرغوة
пенистая ванна
بنوار
ванна
كاس
стакан
غسالة تاع حوايج
стиральная машина
كرلاج
плитка
سبالة
кран
لبو
горшок
لافابو
раковина


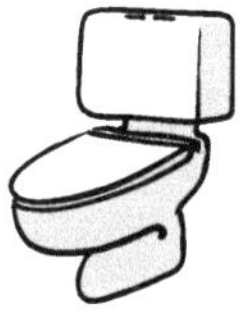

توالات
..................
туалет

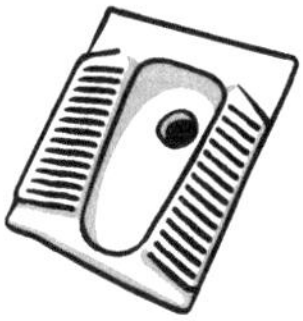

توالات تركي
..................
напольный унитаз

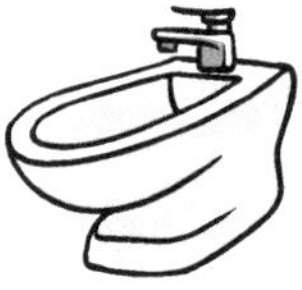

غسال الرجلين
..................
биде

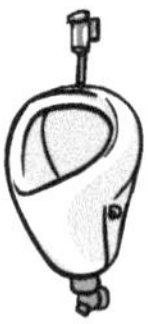

مبولة
..................
писсуар

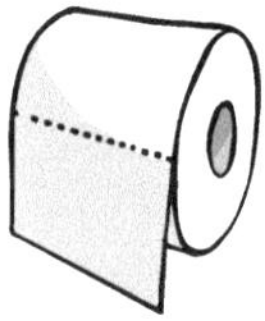

ورق تاع توالات
..................
туалетная бумага

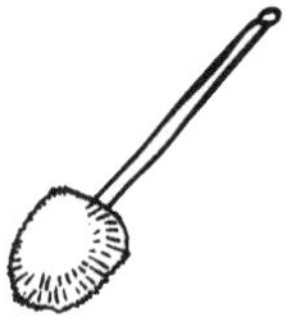

بروسة تاع توالات
..................
ершик

بروسدون

зубная щетка

دونتفريس

зубная паста

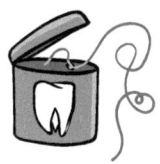

خيط السنان

зубная нить

يغسل

мыть

دوشات تاع دوش

ручной душ

دوشات

интимный душ

لافابو

таз

بروسا تاع الظهر

щетка для спины

صابون

мыло

جال دوش

гель для душа

شنبوان

шампунь

الحبل

мочалка

قادوس

сток

بومادة

крем

ديودورون

дезодорант

مراية

зеркало

مراة صغيرة

ручное зеркало

رازوار

бритва

لاموس

пена для бритья

كولون

лосьон после бритья

расческа

مشطة

расческа

بروسة

щетка

سشوار

фен

مثبت الشعر

лак для волос

مكياج

косметика

روجالافر

губная помада

فرني

лак для ногтей

قطن

вата

كوبنغل

маникюрные ножницы

ريحة

духи

تروسة تاع حمام
...............

косметичка

طابوري
...............

табуретка

ميزان
...............

весы

بينوار
...............

халат

ليغونات تاع النيتواياج
...............

резиновые перчатки

تمبون
...............

тампон

لييوندة
...............

гиеническая прокладка

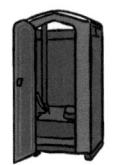

توالات
...............

биотуалет

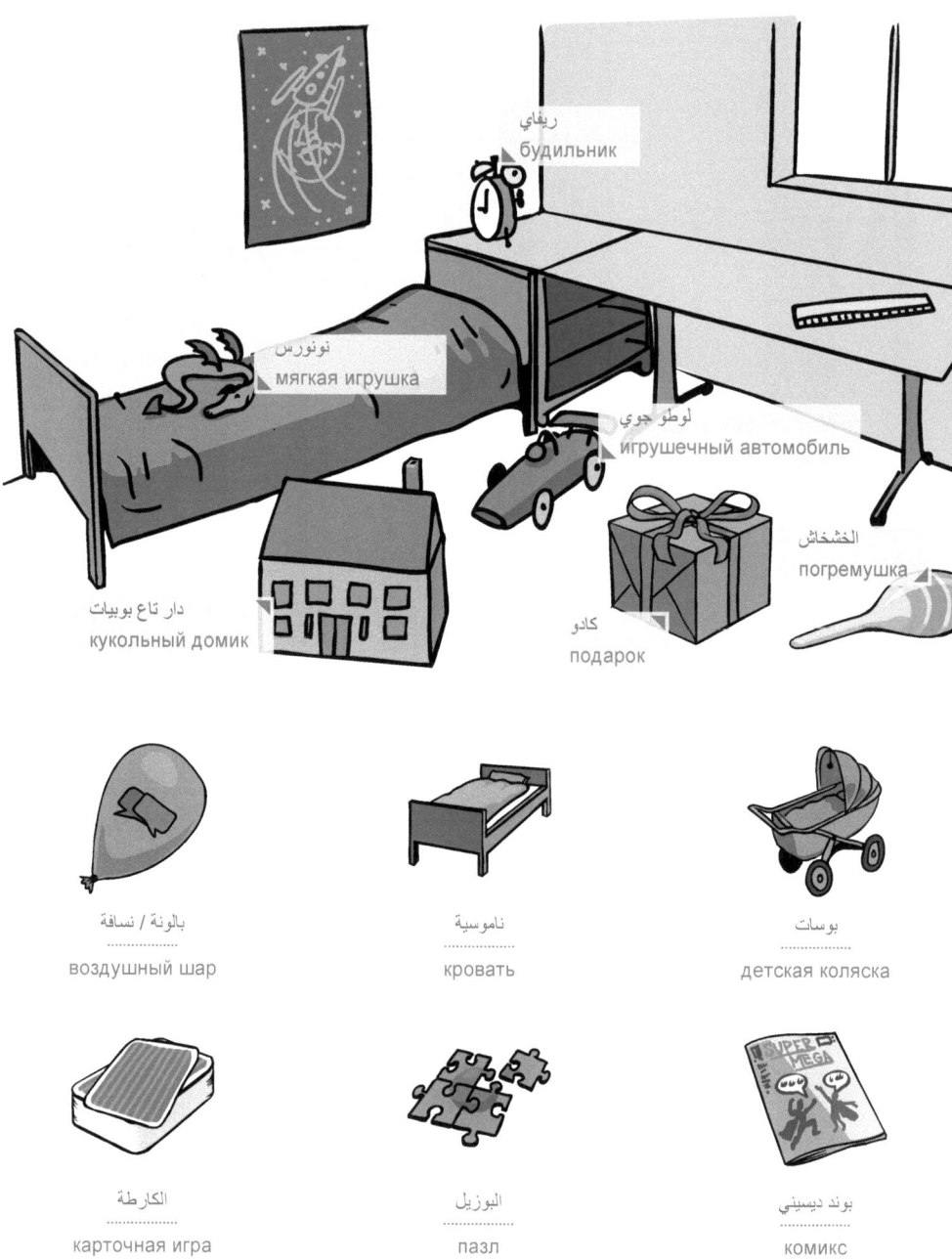

ريفاي
будильник

نونورس
мягкая игрушка

لوطّو جوي
игрушечный автомобиль

الخشخاش
погремушка

دار تاع بوبيات
кукольный домик

كادو
подарок

بالونة / نسافة
воздушный шар

ناموسية
кровать

بوسات
детская коляска

الكارطة
карточная игра

البوزيل
пазл

بوند ديسيني
комикс

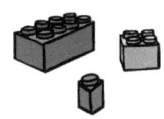

الليغو

кирпичики Лего

بويية

игрушечная фигурка

حجر يبنوه

кубики

لبسة تاع البيبي

ползунки

فريزي

фрисби

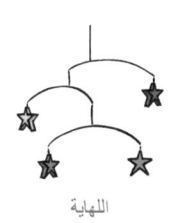

اللهاية

мобиле

لعبة الطابلة

настольная игра

الدي

кубик

التران

модель железной дороги

سوسات

соска

حفلة / الفيشطة

вечеринка

كتاب بتصاوير

книга с картинками

بالون

мяч

بويية

кукла

يلعب

играть

بارك بالرملة

песочница

بنصوار

качели

جوي

игрушка

منيطا

игровая приставка

بيسكلات

трёхколесный велосипед

دبدوب

плюшевый медвежонок

ماريو

шкаф для одежды

## حوايج

## одежда

تقاشر

носки

ليبا

чулки

كولو

колготки

شال
шарф

بريلوي
зонтик

تريكو
футболка

حزام
ремень

تينيسا / سيردينا
кроссовки

بوط
сапоги

بنتوفلا
тапки

صندالة
сандалии

صباط
ботинки

بوط بلاستيك
резиновые сапоги

كالسون
трусы

سوتيان
бюстгальтер

حويج تاع داخل
майка

لاسق على الجسم

боди

سروال

брюки

جين

джинсы

جيبا

юбка

طابلية

блузка

قمجة

рубашка

تريكو

свитер

قارديقون

свитер

بلازار

спортивная куртка

فيستا

жакет

بالطو

пальто

بالطو

плащ

كوستيم

костюм

روبا

платье

روب بلونش

свадебное платье

كوستيم

مужской костюм

شوميز دونوي

ночная сорочка

بيجاما

пижама

ساري

сари

حجاب

платок

عمامة

тюрбан

برقع

паранджа

قفطان

кафтан

عباية

абайя

مايو

купальник

سروال تاع عوم

плавки

شورت

шорты

لبسة تاع سبور

спортивный костюм

طابلية

фартук

ليقونات

перчатки

قفلة

пуговица

نواطر

очки

براسلي

браслет

سنسلة

цепочка

خاتم

кольцо

منقوش

серьга

بوني

шапка

سانتر

вешалка

شابو

шляпа

قرافاطة

галстук

غيمة

застежка молния

كاسك

шлем

بروتال

подтяжки

اللبة تاع ليكول

школьная форма

لينيفورم

форма

رياقة
................
детский нагрудник

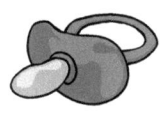

سوسات
................
соска

ليكوش
................
подгузник

بيرو

# офис

سارفر
сервер

خزانة تاع الملفات
канцелярский шкаф

ورقة
بوماغا
бумага

امبريمانت
принтер

ليكرون
монитор

بيرو
письменный стол

لاسوري
мышь

كلاسور
папка

كلافيي
клавиатура

كرسي
стул

بويال
корзина для бумаг

اوزرديناتور
компьютер

كاس قهوة
................
кофейная кружка

كاكولاتريس
................
калькулятор

لانترنت
................
интернет

اوردیناتور

ноутбук

بريّة

письмо

ميساج

сообщение

بورطابل

мобильный телефон

ريزو

сеть

فوطوكوبي

ксерокс

لوجسيال

программа

تيلفون

телефон

بريزة

розетка

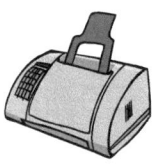

فاكس

факс

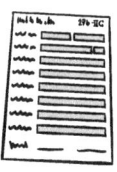

استمارة

формуляр

وثيقة

документ

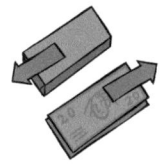

يشري

покупать

يخلص

платить

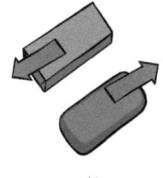

يتاجر

торговать

دراهم

деньги

دولار

доллар

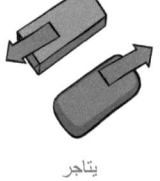 

اورو

евро

ين

иена

روبل

рубль

فرنك سويسري

франк

يوان

жэньминьби юань

روبية

рупия

ديستريبيتور

банкомат

بيرة تاع الصرف

пункт обмена валюты

ذهب

золото

فضة

серебро

نفط

нефть

طاقة

энергия

السومة

цена

عقد

договор

طاكس

налог

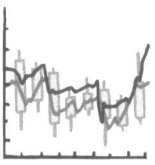

سهم

акция

يخدم

работать

خدام

служащий

مول الشي

работодатель

وزين

фабрика

حانوت

магазин

# профессии

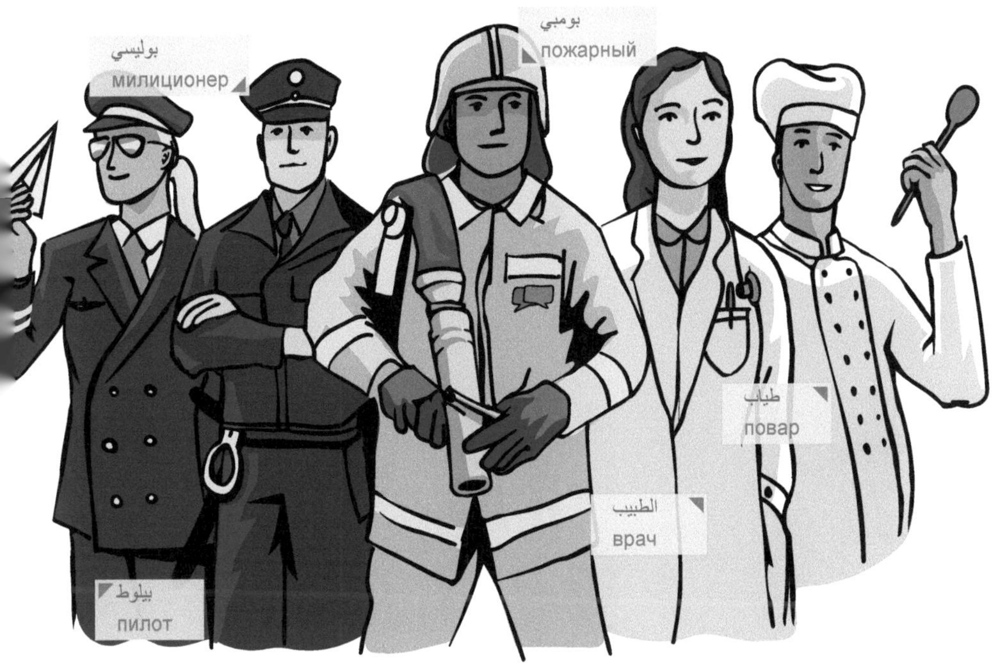

بوليسي
милиционер
بومبي
пожарный
طياب
повар
الطبيب
врач
بيلوط
пилот


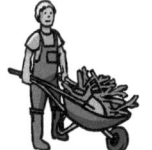

جرديني

садовник

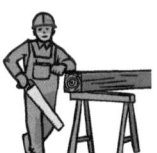

نجار

столяр

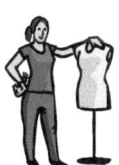

خياط

швея

قاضي

судья

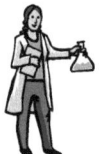

شيميك

химик

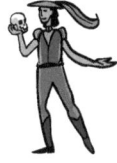

ممثل

актёр

شوفير

водитель автобуса

طاكسيور

таксист

صياد

рыбак

خدامة

уборщица

ماصو تاع الصقف

кровельщик

سارفور

официант

صياد

охотник

بنتار

художник

خباز

пекарь

الكتريسيان

электрик

ماصون

строитель

مهندس

инженер

بوشّي

мясник

بلومبي

сантехник

فاكتور

почтальон

جندي

солдат

ارشيتكت

архитектор

كاسسي

кассир

بياع اورد

флорист

كوافير

парикмахер

الكنترول

кондуктор

ميكانيسيان

механик

كابيتان

капитан

طبيب سنان

зубной врач

عالم

учёный

حاخام

раввин

امام

имам

موان

монах

موان

священник

# ليزوتي
# инструменты

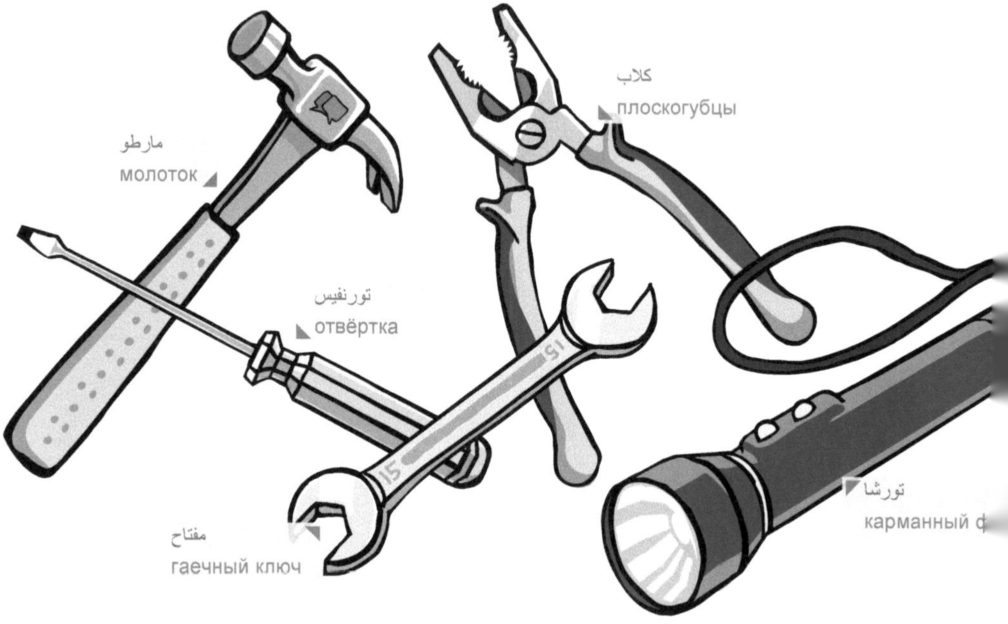

مارطو
молоток
كلاب
плоскогубцы
تورنفيس
отвёртка
مفتاح
гаечный ключ
تورشا
карманный ф


جرافة

экскаватор

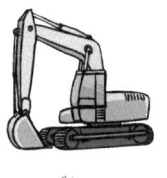

قايصة نتاع ليزوتي

ящик для инструментов

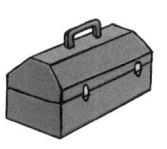

سلوم

стремянка

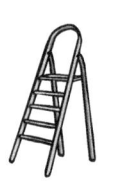

منشار

пила

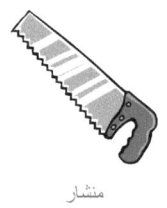

مسامير

гвозди

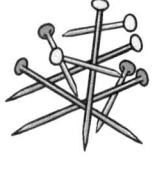

برسوز

дрель

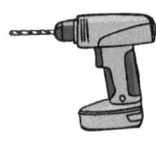

يصنع
ремонтировать

البالة
лопата

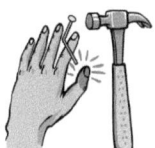

ياويلي
Блин!

بالا
совок

بو تاع بنتورة
ведро с краской

ليفيس
винты

## آلات موسيقية

## музыкальные инструменты

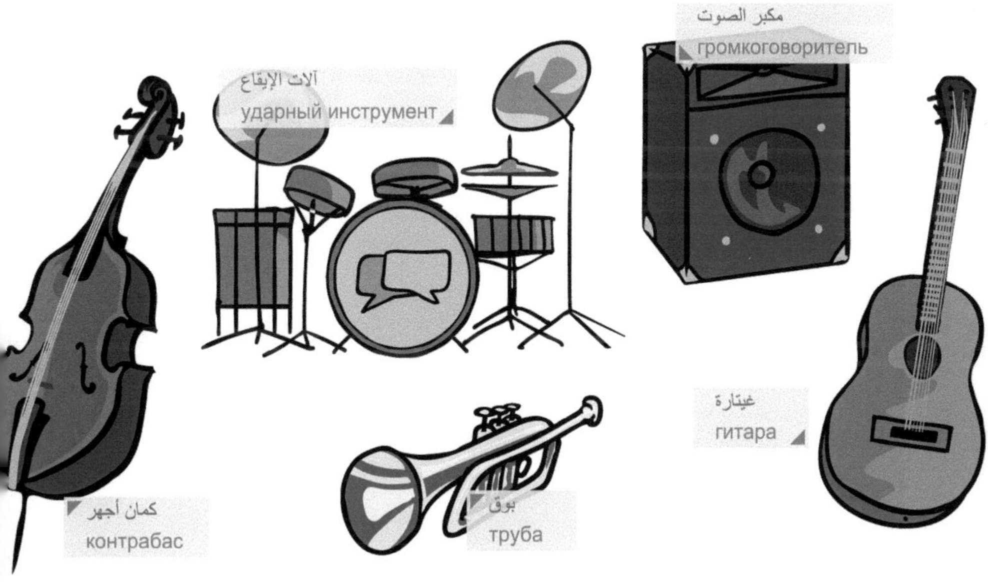

مكبر الصوت
громкоговоритель

آلات الإيقاع
ударный инструмент

غيتارة
гитара

كمان أجهر
контрабас

بوق
труба

بيانو

пианино

كمنجة

скрипка

جهير

бас-гитара

طبل كبير

литавры

طبل

барабан

بيانو كهرباني

синтезатор

ساكسوفون

саксофон

ناي

флейта

ميكروفون

микрофон

آلات موسيقية - музыкальные инструменты

# حديقة حيوانات

# зоопарк

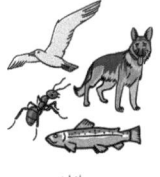

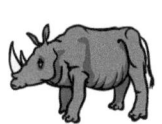

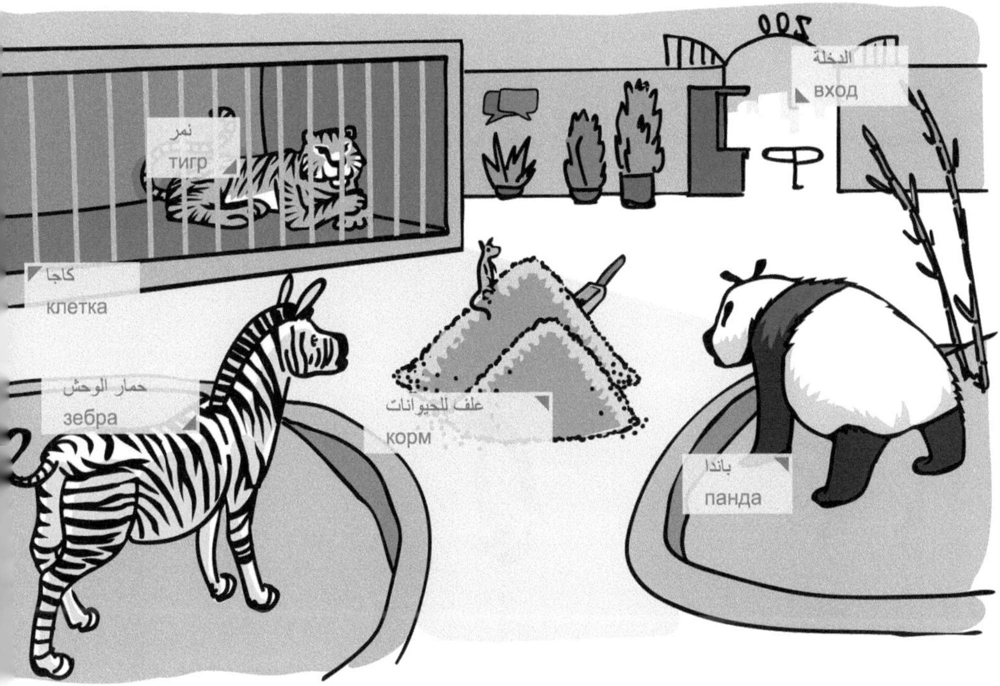

الدخلة
вход
نمر
тигр
كاجا
клетка
حمار الوحش
зебра
علف للحيوانات
корм
باندا
панда


حيوانات
.................
животные

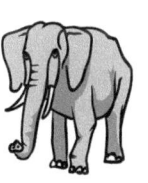

فيل
.................
слон

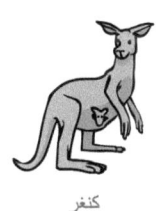

كنغر
.................
кенгуру

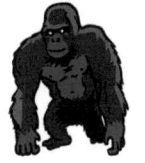

وحيد القرن
.................
носорог

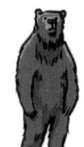

غوريلا
.................
горилла

دب
.................
медведь

جمل

верблюд

نعامة

страус

سبع

лев

نسناس

обезьяна

فلامينغو

фламинго

ببغاء

попугай

دب قطبي

белый медведь

بطريق

пингвин

سمك القرش

акула

طاووس

павлин

أفعة

змея

تمساح

крокодил

عساس في حديقة الحيوان

служитель зоопарка

عجل البحر

тюлень

نمر أمريكي مرقط

ягуар

فرس قزم

пони

نمر

леопард

فرس النهر

бегемот

زرافة

жираф

نسر

орёл

حلوف

кабан

حوت

рыба

فكرون

черепаха

حيوان فظ البحري

морж

ثعلب

лиса

غزال

газель

بالون اميريكا
американский футбол

الركبة تاع البيسكلت
езда на велосипеде

تينيس
теннис

باسكات
баскетбол

العوم
плавание

بوكس
бокс

هوكي
хоккей

| | | |
|---|---|---|
| بالون | الريشة الطائرة | اتلاتيزم |
| ......... | ......... | ......... |
| футбол | бадминтон | лёгкая атлетика |
| الهوند | سكي | بولو |
| ......... | ......... | ......... |
| гандбол | лыжный спорт | поло |

ينقز
прыгать

يضحك
смеяться

يعنق
обнимать

يمشي
идти

يغني
петь

ينوم
мечтать

يصلي
молиться

يبوس
целовать

يكتب
..............
писать

يرسم
..............
рисовать

يوري
..............
показывать

يدمر
..............
нажимать

يعطي
..............
давать

يدي
..............
брать

يملك

иметь

يخدم

делать

كاين

быть

يوقف

стоять

يجري

бежать

يجبد

тянуть

يقيس / يرمي

бросать

يطيح

падать

يتكسّل

лежать

يُشوف

ждать

يرفد

носить

يقّعد

сидеть

يلبس

надевать

يرقد

спать

ينوظ

просыпаться

يِشوف في
رассматривать

يِبكي
плакать

يِحكك
гладить

يِمشّط
причесывать

يِهدر
говорить

يِفهم
понимать

يِسقسي
спрашивать

يِسمع
слушать

يِشرب
пить

ياكل
кушать

يِخمل
наводить порядок

يِبغي
любить

يِطيب
готовить

يِصوق
ехать

يِطير
летать

يبحر بالفلوكة

ходить под парусом

يحسب

считать

يقرا

читать

يتعلم

учиться

يخدم

работать

يتزوج

вступать в брак

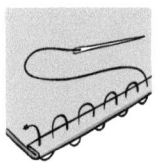

يخيط

шить

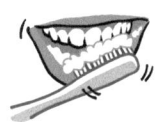

يغسل سنانو

чистить зубы

يكتل

убивать

يكمي

курить

يرسل

отправлять

# لعايلة

## семья

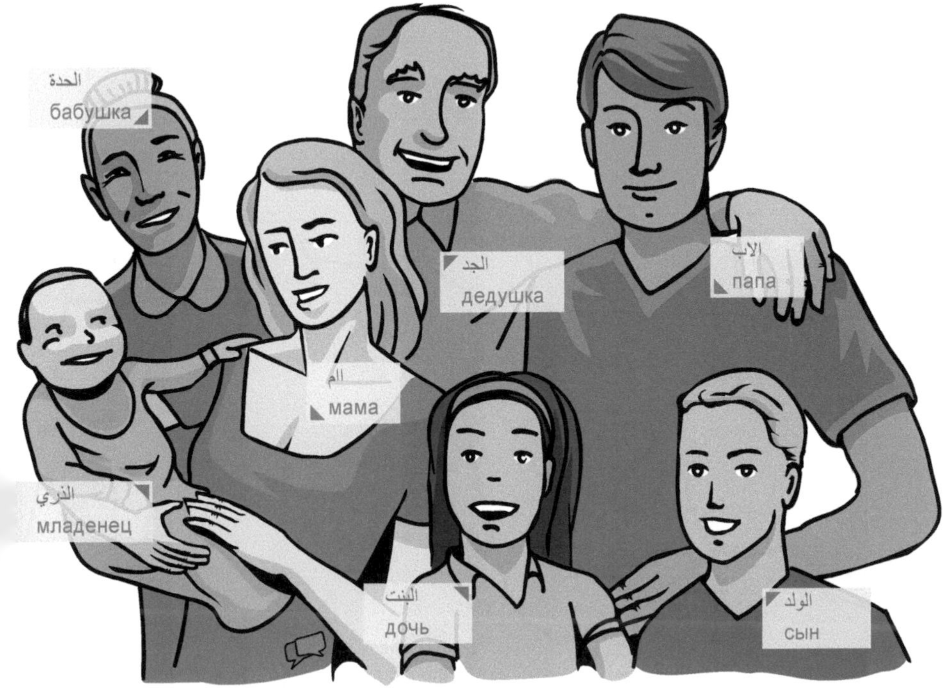
الحدة
бабушка
الجد
дедушка
الاب
папа
ام
мама
الذري
младенец
البنت
дочь
الولد
сын

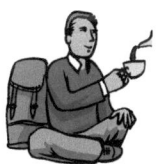

ضيف
..................
гость

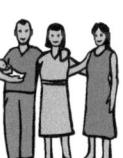

العمة / الخالة
..................
тетя

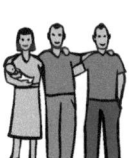

العم / الخال
..................
дядя

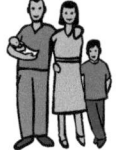

الخو
..................
брат

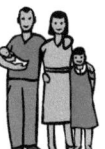

الخت
..................
сестра

# الجسم

# тело

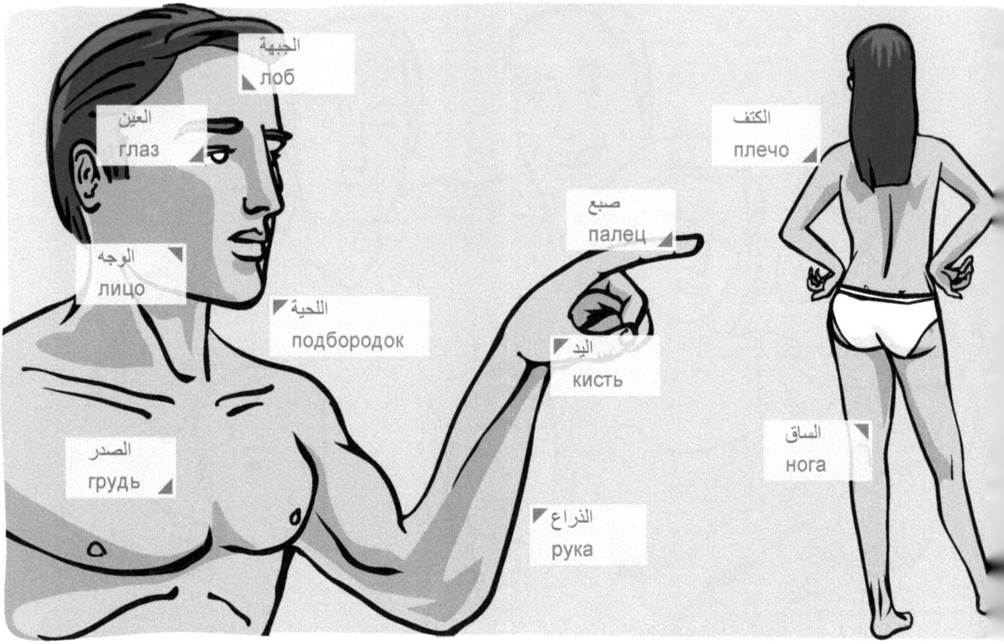

الجبهة
лоб
العين
глаз
الكتف
плечо
صبع
палец
الوجه
лицо
اللحية
подбородок
اليد
кисть
الساق
нога
الصدر
грудь
الذراع
рука


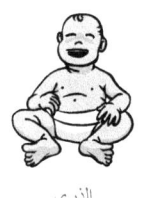

الذري

................

младенец

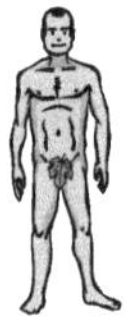

الراجل

................

мужчина

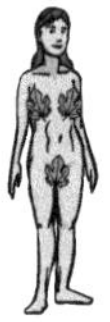

المرا

................

женщина

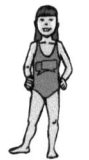

الشيرة، الطفلة

................

девочка

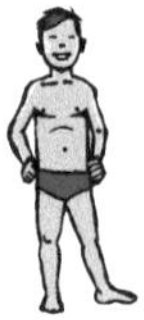

الشير

................

мальчик

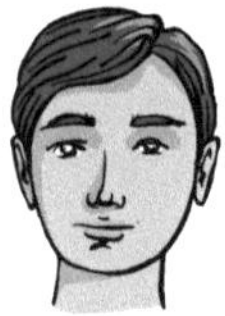

الراس

................

голова

ظهر

спина

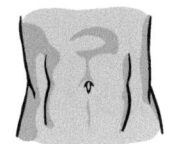

الكرش

живот

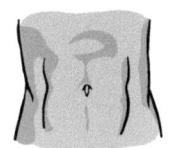

السرة

пупок

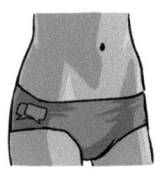

صبع

палец ноги

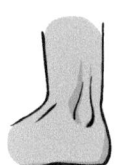

طالون

пятка

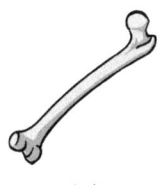

العظم

кость

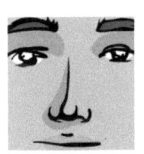

المرادف

бедро

الركبة

колено

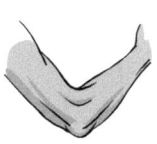

لمرفغ

локоть

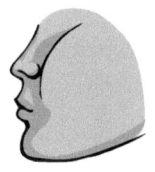

نيف

нос

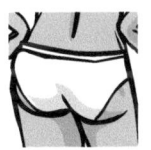

مصاصيط

ягодицы

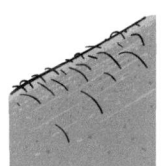

البشرة

кожа

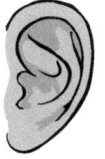

الحنوك

щека

لوذن

ухо

شورب

губа

الفم

рот

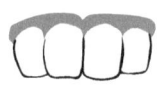

السنة

зуб

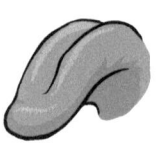

اللسان

язык

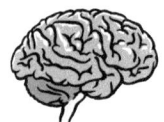

الدماغ

мозг

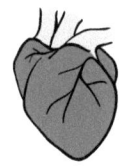

القلب

сердце

العضلة

мышца

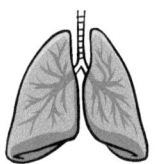

الرية

лёгкое

الكبدة

печень

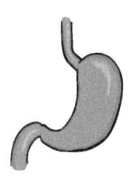

المعدة

желудок

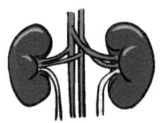

كلوى

почки

رابو

половой акт

بريزارفتيف

презерватив

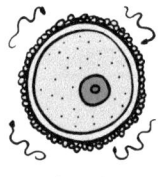

البويضة

яйцеклетка

مرسبي

сперма

شركلب

беременность

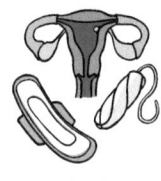

ليراغل
........................
менструация

المهبل
........................
вагина

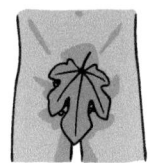

المذاكر
........................
пенис

الحاجب
........................
бровь

الشعر
........................
волосы

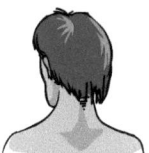

رقبة
........................
шея

سبيطار
больница

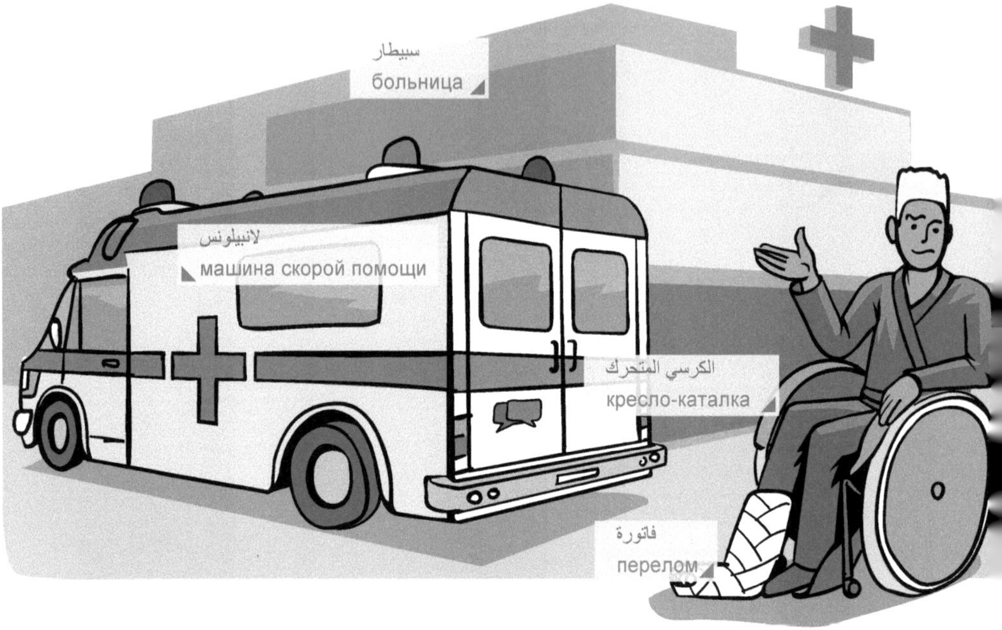

لانبيلونس
машина скорой помощи

الكرسي المتحرك
кресло-каталка

فاتورة
перелом

الطبيب

врач

ليزيرجونس

пункт первой помощи

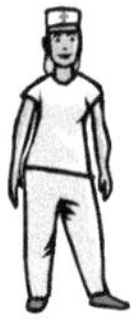

الممرضة

медсестра

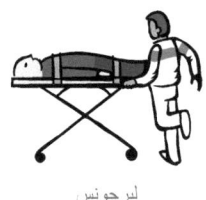

ليزيرجونس

неотложный случай

تغاشى

без сознания

الوجع

боль

الجرح

повреждение

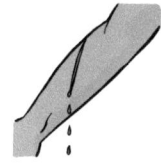

يسل الدم

кровотечение

القلب

инфаркт

لافيسي

инсульт

لالرجي

аллергия

الكحة

кашель

الحمة

ышенная температура

لاقريب

грипп

الاسهال

понос

ميغران

головная боль

السرطان

рак

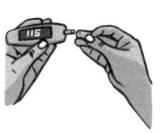

السكر

диабет

الجراح

хирург

مبضع

скальпель

عملية تاع القلب

операция

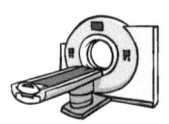

لاسيتي

КТ

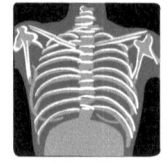

الراديو

рентген

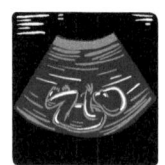

لولتخازون

ультразвук

لماسك

маска

المرض

болезнь

وين يقارعو

приёмная

العكاز

костыль

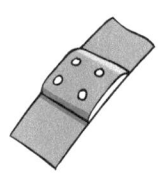

سكوتش

пластырь

لبانسما

бинт

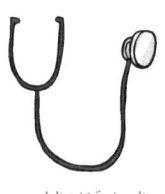

لبرة

укол

السماعة تاع الطبيب

стетоскоп

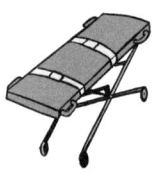

نقالة

носилки

لوزنو بيه الحمة

термометр

زيادة

рождение

السمونية

избыточный вес

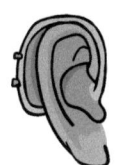

جهاز السمع

слуховой аппарат

المعقّم

дезинфекционное
средство

لنفكسون

инфекция

الفيروس

вирус

السيدا

ВИЧ / СПИД

الدوا

лекарство

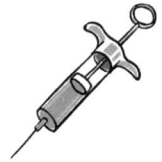

الفاكسان

прививка

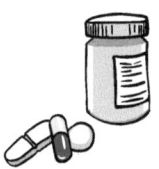

الدوا حب

таблетки

بيلولة

противозачаточная
таблетка

يعيط للنجدة

экстренный вызов

الجهاز ليقيسو بيه الدم

прибор для измерения
кровяного давления

مريض / صحيح

больной / здоровый

سلكوني

Помогите!

يَتعدا

нападение

يهجم

атака

دونجي

опасность

مخرج الطوارى

запасной выход

النار شاعلة

Пожар!

لكستانتور

огнетушитель

اكسيدون

несчастный случай

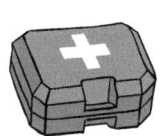

فيزة تاع الاسعاف الاولي

аптечка

سلكونا

SOS

لابوليس

милиция

أوروبا

Европа

أمريكا الشمالية

Северная Америка

أمريكا الجنوبية

Южная Америка

أفريقيا

Африка

آسيا

Азия

أستراليا

Австралия

المحيط الأطلسي

Атлантический океан

المحيط الهادي

Тихий океан

المحيط الهندي

Индийский океан

المحيط المتجمد الجنوبي

Антарктический океан

المحيط المتجمد الشمالي

Северный Ледовитый
океан

القطب الشمالي

Северный полюс

القطب الجنوبي

Южный полюс

منطقة القطب الجنوبي

Антарктика

أرض

земля

بلاد

суша

بحر

море

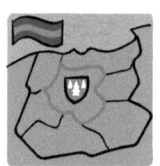

جزيرة

остров

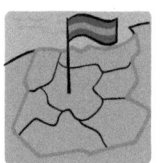

امة

нация

دولة

государство

أرض - земля

ميناء الساعة

....................

циферблат

عقرب الساعات

....................

часовая стрелка

عقرب الدقائق

....................

минутная стрелка

عقرب الثواني

....................

секундная стрелка

شعال راها الساعة؟

....................

Который час?

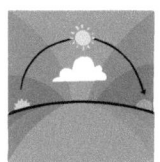

يوم

....................

день

زمن

....................

время

دروك

....................

сейчас

ساعة رقمية

....................

электронные часы

دقيقة

....................

минута

ساعة

....................

час

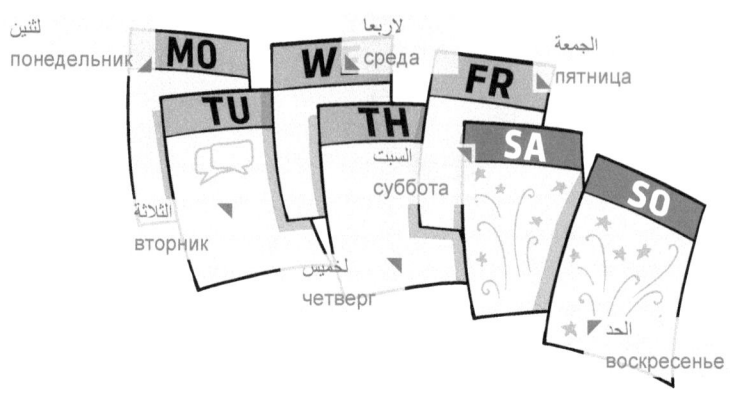

لثنين
понедельник

لاربعا
среда

الجمعة
пятница

الثلاثة
вторник

لخميس
четверг

السبت
суббота

الحد
воскресенье

لبارح
вчера

اليوم
сегодня

غدوا
завтра

صباح
утро

القايلة
полдень

العشية
вечер

| MO | TU | WE | TH | FR | SA | SU |
|----|----|----|----|----|----|----|
| 1 | 2 | 3 | 4 | 5 | 6 | 7 |
| 8 | 9 | 10 | 11 | 12 | 13 | 14 |
| 15 | 16 | 17 | 18 | 19 | 20 | 21 |
| 22 | 23 | 24 | 25 | 26 | 27 | 28 |
| 29 | 30 | 31 | 1 | 2 | 3 | 4 |

يامات الخدمة
рабочие дни

| MO | TU | WE | TH | FR | SA | SU |
|----|----|----|----|----|----|----|
| 1 | 2 | 3 | 4 | 5 | 6 | 7 |
| 8 | 9 | 10 | 11 | 12 | 13 | 14 |
| 15 | 16 | 17 | 18 | 19 | 20 | 21 |
| 22 | 23 | 24 | 25 | 26 | 27 | 28 |
| 29 | 30 | 31 | 1 | 2 | 3 | 4 |

ويكاند
выходные

# العام

# год

قوس قزح
радуга
النو
дождь
ثلج
снег
الريح
ветер
الربيع
весна
الخريف
осень
الصيف
лето
الشتا
зима

4.APRIL 11°
5.APRIL 4°
6.APRIL 13°
7.APRIL 8°
8.APRIL 10°

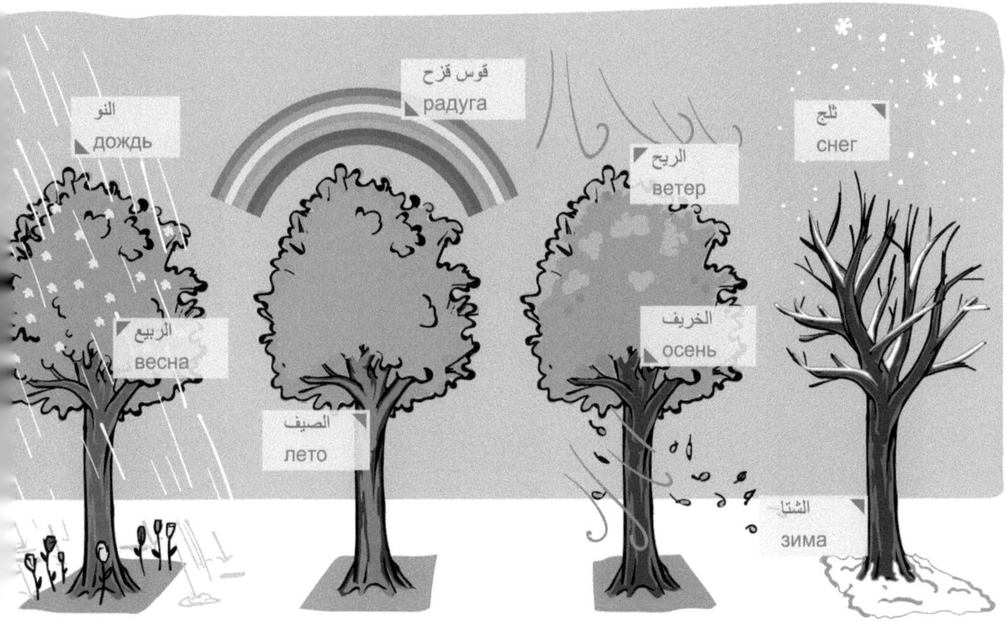

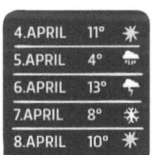

يتنبأ بالحال

прогноз погоды

F C
120 40
90 30
60 20
30 10
0 0
-30 -10
-20

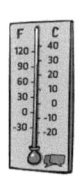

مقياس حرارة

термометр

ضوء الشمس

солнечный свет

سحابة

туча

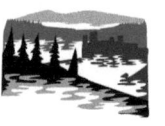

ضباب

туман

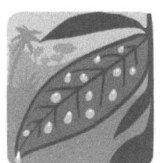

ميديتي

влажность воздуха

برق

молния

رعد

гром

عاصفة

буря

بَرَد

град

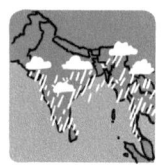

ريح

муссон

طوفان

наводнение

جليد

лёд

جانفي

январь

فيفري

февраль

مارس

март

افريل

апрель

ماي

май

جوان

июнь

جويلية

июль

اوت

август

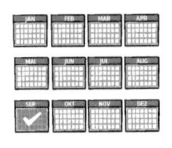

سبتمبر
.................
сентябрь

اكتوبر
.................
октябрь

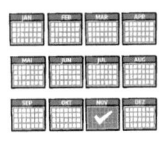

نوفمبر
.................
ноябрь

ديسمبر
.................
декабрь

فورما

# فورما

# формы

دويرة
.................
круг

مربع
.................
квадрат

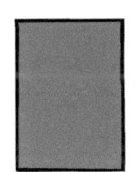

مستطيل
.................
прямоугольник

مثلث
.................
треугольник

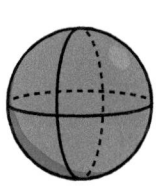

كويرة
.................
шар

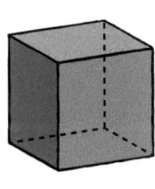

مكعب
.................
куб

بيض

белый

صفر

желтый

تشيني

оранжевый

روز

розовый

حمر

красный

حلحالي

лиловый

زرق

синий

خظر

зелёный

قهوي

коричневый

قري

серый

كحل

черный

بزاف / شوية

много / мало

زعفان / مكالمي

яростный / мирный

شباب / مشي شباب

красивый / уродливый

البدية / التالي

начало / конец

كبير / صغير

большой / маленький

فاتح / فونسي

светлый / темный

خو / خت

брат / сестра

نقي / موسخ

чистый / грязный

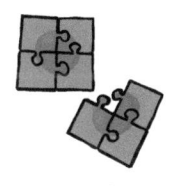

كامل / ناقص

полный / неполный

نهار / اليل

день / ночь

ميت / حي

мёртвый / живой

عريض / ضيق

широкий / узкий

يقدو ياكلوه / ميقدروش ياكلوه

съедобный / несъедобный

شرير / ناس ملاح

злой / дружелюбный

يثير / يمل

взволнованный / скучающий

سمين / رقيق

толстый / худой

اللولا / التالية

сначала / в конце

الصاحب / لعدو

друг / враг

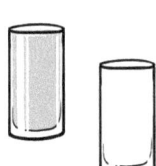

معمر / فارغ

полный / пустой

قاصح / سوبل

твёрдый / мягкий

ثقيل / خفيف

тяжёлый / легкий

جوع / عطش

голод / жажда

مريض / صحيح

больной / здоровый

غير شرعي / شرعي

незаконный / законный

ذكي / مبوقل

умный / глупый

يسار / يمين

слева / справа

قريب / بعيد

близко / далеко

جديد / مستعمل

новый / подержанный

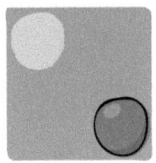

مكانش / شوية

ничто / нечто

شيباني / شاب

старый / молодой

يشعل / يطفئ

включено / выключено

محلول / مبلع

открыто / закрыто

بشوية / بلڤور

тихо / громко

مرفح / زوالي

богатый / бедный

نيشان / خاطيء

правильный /
неправильный

حرش / رطب

шероховатый / гладкий

زعفان / فرحان

чальный / счастливый

قصير / طويل

короткий / длинный

بشوية / بلخف

медленный / быстрый

مشمخ / ناشف

мокрый / сухой

حامي / بارد

тёплый / прохладный

الڤيرة / لامان

война / мир

| | | |
|---|---|---|
| **0** | **1** | **2** |
| صفر | واجد | زوج |
| ноль | один | два |
| **3** | **4** | **5** |
| ثلاثة | ربعة | خمسة |
| три | четыре | пять |
| **6** | **7** | **8** |
| ستة | سبعة | ثمانية |
| шесть | семь | восемь |
| **9** | **10** | **11** |
| تسعة | عشرة | حداعش |
| девять | десять | одиннадцать |

**12**

ثناعش

двенадцать

**13**

تلطاعش

тринадцать

**14**

رباطاعش

четырнадцать

**15**

خمسطاعش

пятнадцать

**16**

سطاعش

шестнадцать

**17**

سبعطتعش

семнадцать

**18**

ثمنطاعش

восемнадцать

**19**

تساعطاش

девятнадцать

**20**

عشرون

двадцать

**100**

مية

сто

**1.000**

ألف

тысяча

**1.000.000**

مليون

миллион

انقلي

английский

انغلي تاع مريكان

американский английский

لغة الشنوية

мандаринский китайский

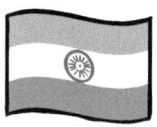

الهندية

хинди

سبنيولية

испанский

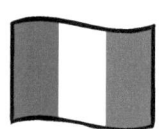

الفرونسي

французский

العربية

арабский

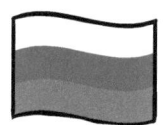

الروسية

русский

البوتغالية

португальский

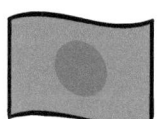

البنغالية

бенгальский

لالمنية

немецкий

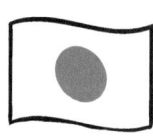

الجابونية

японский

انا

я

نتا

ты

هو

он / она / оно

حنايا

мы

نتوما

вы

هوما

они

شكون

кто?

واش

что?

كيفاش

как?

وين

где?

وقتاش

когда?

الاسم

имя

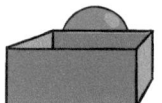

مرول

за

في

в

قدام

перед

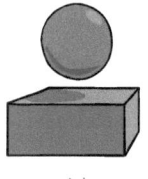

فوق

над

على

на

تحت

под

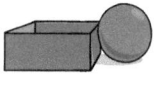

حدا

рядом

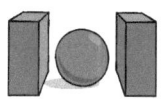

بين

между

بلاصة

место